DR. OETKER

SPAGHETTI

Ceres-Verlag
Rudolf-August Oetker KG
Bielefeld

Die Rezepte sind – wenn nicht anders angegeben – für 4 Personen berechnet.

Redaktion	*Christa Schlüter-Zeitz (Ltg.) Rosemarie Kolep Roswitha Lange*
Titelfoto	*Michael Somoroff, Hamburg*
Satz	*Hanke & Pettke GmbH, Bielefeld*
Herstellung	*Druckhaus Ernst Kaufmann, Lahr*

2. Auflage

ISBN 3-7670-0313-9

*Spaghetti sind nicht nur
in Italien die Nudel Nummer 1,
auch bei uns werden sie
mit Wonne gegabelt und gedreht.
Deshalb für alle ihre Fans
die schönsten Spaghetti-
Spezialitäten in diesem Buch.*

Spaghetti carbonara,
Rezept S. 8

Spaghetti carbonara (Foto S. 6/7)

400 g grüne Spaghetti	in
3–4 l kochendes Salzwasser	geben
1 Eßl. Speiseöl	hinzufügen, zum Kochen bringen, ab und zu umrühren, in 8–10 Minuten „al dente“ kochen die Spaghetti auf ein Sieb geben, mit kaltem Wasser übergießen, abtropfen lassen
	für die Sauce
250 g durchwachsenen Speck	in feine Würfel schneiden
10 g Butter	zerlassen, die Speckwürfel darin ausbraten
100 g Parmesan-Käse	reiben, mit
6 Eiern 2–3 Eßl. Schlagsahne	verrühren, mit
grob gemahlenem schwarzen Pfeffer geriebener Muskatnuß	kräftig würzen die Spaghetti zuerst mit den Speckwürfeln vermengen, dann die Eier-Sahne-Sauce vorsichtig unterrühren, die Spaghetti nicht mehr auf die Herdplatte stellen, damit die Sauce nicht flockig wird Spaghetti Carbonara mit viel grob gemahlenem schwarzen Pfeffer bestreuen, sofort servieren.

Spaghetti mit Kapern-Sauce

	Für die Sauce
50 g Kapern (aus dem Glas)	*gut abspülen, abtropfen lassen*
4 Sardellenfilets	*unter fließendem kalten Wasser gut abspülen, mit Haushaltspapier trockentupfen*
50 g schwarze Oliven	*halbieren, entsteinen*
3 Knoblauchzehen	*abziehen die vier Zutaten in sehr feine Würfel schneiden, mit*
8–10 Eßl. kaltgepreßtem Olivenöl	*zu einer Sauce verrühren nach und nach*
5–6 Eßl. Zitronensaft	*hinzufügen*
400 g Spaghetti	*in*
4 l kochendes Salzwasser	*geben*
1 Eßl. Olivenöl	*hinzufügen, zum Kochen bringen, ab und zu umrühren, in 8–10 Minuten „al dente“ kochen Spaghetti auf ein Sieb geben, mit kaltem Wasser übergießen, abtropfen lassen die Spaghetti in eine vorgewärmte Schüssel geben, die Kapern-Sauce darüber verteilen, mit*
grob gemahlenem schwarzen Pfeffer	*bestreuen, nach Belieben mit*
ganzen, kleinen Kapern	*garnieren.*

Spaghetti mit Oliven-Sauce

150 g Zwiebeln	abziehen, würfeln
1 Knoblauchzehe	abziehen, zerdrücken
100 g Möhren	putzen, schälen, waschen
50 g Sellerie	schälen, waschen
50 g Porree	putzen, gründlich waschen das Gemüse in feine Würfel schneiden
etwa 85 g schwarze Oliven	halbieren, entsteinen, vierteln
3 Eßl. Olivenöl	erhitzen
50 g Pinienkerne	darin hellbraun braten, herausnehmen in dem Öl Zwiebeln und Knoblauch andünsten, die Gemüsewürfel dazugeben, ebenfalls andünsten, mit
Paprika edelsüß	würzen
850 g Tomaten (aus der Dose)	mit dem Saft,
50gTomatenmark	hinzufügen, gut verrühren, aufkochen, bei schwacher Hitze in etwa 15 Minuten sämig einkochen lassen, mit
Salz, Zucker Cayennepfeffer	abschmecken
1 Knoblauchzehe	abziehen, zerdrücken, mit Oliven, Pinienkernen unterrühren, 10 Minuten in der Sauce ziehen lassen
300 g Vollkorn-Spaghetti	in
3 l kochendes Salzwasser	geben
1 Eßl. Olivenöl	hinzufügen, zum Kochen bringen, ab und zu umrühren, in 8–10 Minuten „al dente“ kochen, auf einem Sieb abtropfen lassen, sofort mit der Sauce,
geriebenem Parmesan-Käse	servieren.

Spaghetti mit Zucchini-Sauce

300 g Spaghetti	in
3–4 l kochendes Salzwasser	geben
1 Eßl. Speiseöl	hinzufügen, zum Kochen bringen, ab und zu umrühren, in 8–10 Minuten „al dente“ kochen
	die Spaghetti auf ein Sieb geben, mit kaltem Wasser übergießen, abtropfen lassen
	für die Zucchini-Sauce
1 Zwiebel	
2 Knoblauchzehen	beide Zutaten abziehen, kleinhacken
500 g Zucchini	waschen abtrocknen, Enden abschneiden, Zucchini in Stifte schneiden,
4 Eßl. Speiseöl	erhitzen, die drei Zutaten darin etwa 3 Minuten dünsten
1 Packung 8-Kräutermischung (tiefgekühlt)	hinzufügen, etwa 1 Minute mitdünsten lassen
125 ml (1/4 l) Schlagsahne	unterrühren, mit
Salz	
Pfeffer	würzen
1 enthäutete Fleischtomate	in Würfel schneiden (Stengelansatz herausschneiden), hinzufügen, kurz miterhitzen, die Sauce zu den Spaghetti servieren.

Grüne Spaghetti mit vielerlei Käse

50 g Pecorino-Käse	grob reiben
50 g Parmesan-Käse	fein reiben
50 g Provolone-Käse	entrinden, grob raspeln
50 g Mozzarella-Käse	gut abtropfen lassen, in dünne Scheiben schneiden die einzelnen Käsesorten in kleine Schälchen füllen
400 g grüne Spaghetti	in
3–4 l kochendes Salzwasser	geben
1 Eßl. Speiseöl	hinzufügen, zum Kochen bringen, ab und zu umrühren, in 8–10 Minuten „al dente" kochen die Spaghetti auf ein Sieb geben, mit kaltem Wasser übergießen, abtropfen lassen die Spaghetti in eine Schüssel geben, mit
etwa 80 g Butterflöckchen	belegen, heiß mit den Käsesorten servieren. Jeder Gast bedient sich dann selbst mit den einzelnen Käsesorten.
Tip:	Dieses Spaghetti-Gericht wird gern als Vorspeise gereicht. Hierzu wird die Spaghetti-Menge auf 300 g reduziert.

Gemüse-Spaghetti

400 g Blumenkohl	putzen, waschen, die Röschen abschneiden
200 g Möhren	putzen, schälen, waschen, in dünne Scheiben schneiden
150 g Zucchini	waschen, die Enden abschneiden, Zucchini in Scheiben schneiden
150 g Blattspinat	verlesen, waschen, die Stengel entfernen
100 g tiefgekühlte Erbsen	auftauen lassen
2 Zwiebeln	abziehen, in feine Würfel schneiden
40 g Butter	zerlassen, Zwiebeln darin dünsten
500 ml (1/2 l) Schlagsahne	hinzugießen, bei starker Hitze cremig einkochen lassen
300 g Spaghetti	in
3–4 l kochendes Salzwasser	geben
1 Eßl. Speiseöl	hinzufügen, zum Kochen bringen, ab und zu umrühren, in 8–10 Minuten „al dente" kochen Blumenkohlröschen etwa 5 Minuten, Möhren etwa 3 Minuten, Zucchini, Blattspinat, Erbsen etwa 1 Minute mitkochen lassen Spaghetti mit dem Gemüse in ein Sieb geben, abtropfen lassen, in eine vorgewärmte Schüssel geben
40 g Butter	unterrühren
50 g geriebenen Käse	in die eingekochte Sahnesauce rühren, schmelzen lassen, mit
Salz, Muskat	abschmecken, sofort zu den Spaghetti servieren.

Vollkorn-Spaghetti, *Rezept S. 20*

Vollkorn-Spaghetti mit Schnittlauch-Bèarnaise (Foto S. 18/19)

300 g Vollkorn-Spaghetti	in
3–4 l kochendes Salzwasser	geben
1 Eßl. Speiseöl	hinzufügen, zum Kochen bringen, ab und zu umrühren, in 8–10 Minuten „al dente" kochen die Spaghetti auf ein Sieb geben, mit kaltem Wasser übergießen, abtropfen lassen
100 g gekochten Schinken	in Streifen schneiden
100 g Champignons	putzen, waschen, in Scheiben schneiden, mit dem Schinken unter die Spaghetti heben
100 g Butter	zerlassen, etwas abkühlen lassen
1 kleine Zwiebel	abziehen, fein würfeln, mit
schwarzem Pfeffer 1 Teel. Weinessig 2 Eßl. Weißwein	etwa 5 Minuten kochen, durch ein Sieb geben, etwas abkühlen lassen, mit
2 Eigelb	im Wasserbad unter ständigem Schlagen erhitzen, bis die Masse dicklich ist nach und nach die Butter unterschlagen
1 Eßl. Schnittlauchröllchen 1 Eßl. gehackte Petersilie	unterrühren, mit
Salz, Zucker	abschmecken, sofort zu den Spaghetti servieren.

Grüne Spaghetti mit Kerbel-Sauce

300 g grüne Spaghetti	in
3–4 l kochendes Salzwasser	geben
1 Eßl. Speiseöl	hinzufügen, zum Kochen bringen, ab und zu umrühren, in 8–10 Minuten „al dente" kochen die Spaghetti auf ein Sieb geben, mit kaltem Wasser übergießen, abtropfen lassen
40 g Butter	zerlassen, die Spaghetti darin schwenken
300 g Tomaten	kurze Zeit in kochendes Wasser legen (nicht kochen lassen), abschrecken, enthäuten, halbieren, entkernen, die Stengelansätze entfernen, das Fruchtfleisch in Würfel schneiden, mit
1 Becher (150 g) Crème fraîche	zu den Nudeln geben, unter Rühren erhitzen, mit
Salz Pfeffer geriebener Muskatnuß	würzen, kurz vor dem Servieren
1 Eßl. gehackten Kerbel	unterheben das Gericht nach Belieben mit
geriebenem Parmesan-Käse gehackten Kerbelblättchen	bestreuen.

Knoblauch-Spaghetti

400 g Spaghetti	*in*
3–4 l kochendes Salzwasser	*geben*
1 Eßl. kaltgepreßtes Olivenöl	*hinzufügen, zum Kochen bringen, ab und zu umrühren, in 8–10 Minuten „al dente" kochen die Spaghetti auf ein Sieb geben, mit kaltem Wasser übergießen, abtropfen lassen*
	für die Knoblauch-Sauce
2 rote und 2 grüne Peperoni	*halbieren, entstielen, Kerne und weiße Scheidewände entfernen, die Schoten waschen, in sehr feine Streifen schneiden*
4–6 Knoblauchzehen	*abziehen, in Würfel schneiden*
2 Bund glatte Petersilie	*abspülen, mit Haushaltspapier trockentupfen, die Blättchen abzupfen, grob hacken*
150 ml kaltgepreßtes Olivenöl	*in einer großen Pfanne erhitzen Peperoni und Knoblauch darin andünsten die Spaghetti hinzufügen, gut vermengen, zuletzt die gehackte Petersilie unterrühren, sofort mit*
frisch geraspeltem Parmesan-Käse	*servieren.*

Spaghetti bolognese

2 Zwiebeln 2 Knoblauchzehen	*abziehen, in Würfel schneiden*
2 Eßl. Olivenöl	*erhitzen, Zwiebeln und Knoblauch darin andünsten*
250 g Gehacktes	*hinzufügen, unter ständigem Rühren etwa 5 Minuten anbraten, mit*
Salz, Pfeffer Paprika edelsüß	*würzen*
etwa 500 g Tomaten (aus der Dose)	*mit dem Saft hinzufügen, die Tomaten zerdrücken*
80 g Tomatenmark 125 ml (1/8 l) Rotwein	*hinzufügen, gut verrühren die Sauce etwa 15 Minuten kochen lassen*
1 Teel. gerebelten Thymian 1 Teel. gerebeltes Basilikum	*unterrühren*
300 g Spaghetti	*in*
3–4 l kochendes Salzwasser	*geben*
1 Eßl. Olivenöl	*hinzufügen, zum Kochen bringen, ab und zu umrühren, in 8–10 Minuten „al dente“ kochen die Spaghetti auf ein Sieb geben, mit kaltem Wasser übergießen, abtropfen lassen, mit der Sauce,*
geriebenem Parmesan-Käse	*servieren.*

Spaghetti Florentine,
Rezept S. 28

Spaghetti Florentine (Foto S. 26/27)

1 Packung (etwa 450 g) Rahmspinat	auftauen lassen
1 Zwiebel	abziehen, würfeln
1 Eßl. Butter	zerlassen, Zwiebel darin andünsten den Spinat hinzufügen, etwa 5 Minuten durchdünsten lassen, mit
Salz	würzen, warm stellen
250 g Spaghetti	in
2–3 l kochendes Salzwasser	geben
1 Eßl. Speiseöl	hinzufügen, zum Kochen bringen, ab und zu umrühren, in 8–10 Minuten „al dente“ kochen die Spaghetti auf ein Sieb geben, mit kaltem Wasser übergießen, abtropfen lassen, mit dem Spinat vermengen, warm stellen
50 g durchwachsenen Speck	in Würfel schneiden
1 Eßl. Speiseöl	erhitzen, die Speckwürfel darin auslassen
1–2 Zwiebeln	abziehen, in Scheiben schneiden, zu den Speckwürfeln geben, bräunen lassen, zu den Spinat-Spaghetti geben
375 g Fleischwurst	enthäuten, in etwa 1 cm dicke Scheiben schneiden
1 Eßl. Speiseöl	erhitzen, die Fleischwurstscheiben darin von beiden Seiten etwa 5 Minuten braten, auf den Spinat-Spaghetti anrichten, mit
geriebenem Parmesan-Käse	bestreuen.

Spaghetti mit Zitronen-Sauce

400 g Spaghetti	in
4 l kochendes Salzwasser	geben
1 Eßl. Speiseöl	hinzufügen, zum Kochen bringen, ab und zu umrühren, in 8–10 Minuten „al dente“ kochen die Spaghetti auf ein Sieb geben, mit kaltem Wasser übergießen, abtropfen lassen
	für die Zitronen-Sauce
1 Zitrone (unbehandelt)	waschen, abtrocknen, die Schale abreiben die Zitrone bis auf das Fruchtfleisch schälen, das Fruchtfleisch in kleine Würfel schneiden, mit
250 ml (1/4 l) Schlagsahne 2 Eßl. Calvados	verrühren, zum Kochen bringen, etwa 5 Minuten kochen lassen
Saft von 1/2 Zitrone	hinzufügen, zum Kochen bringen, weitere 5 Minuten kochen lassen die Sauce mit
Salz frisch gemahlenem weißem Pfeffer	abschmecken die Spaghetti mit der Zitronen-Sauce,
50 g geriebenem Parmesan-Käse	vermengen, mit der abgeriebenen Zitronenschale bestreuen.

Kräuter-Spaghetti

400 g Spaghetti	*in*
4 l kochendes Salzwasser	*geben*
1 Eßl. Speiseöl	*hinzufügen, zum Kochen bringen, ab und zu umrühren, in 8–10 Minuten „al dente“ kochen* *die Spaghetti auf ein Sieb geben, mit kaltem Wasser übergießen, abtropfen lassen*
2 Bund glatte Petersilie *2 Bund Dill* *2 Bund Basilikum* *2 Bund Schnittlauch*	
	die Kräuter unter fließendem kalten Wasser abspülen, mit Haushaltspapier trockentupfen, grob zerkleinern, mit
250 ml (1/4 l) Schlagsahne *6 Eiern* *30 g Butter* *1 abgezogenen Knoblauchzehe*	*im Mixer pürieren, mit*
Salz *Pfeffer* *geriebener Muskatnuß*	*abschmecken, mit den Spaghetti unter Rühren erwärmen, bis die Sauce cremig ist*
250 g rohen Schinken	*in Streifen schneiden, über die Spaghetti streuen, sofort servieren.*

Spaghetti mit Paprika-Sauce

	Für die Paprika-Sauce
500 g grüne Paprikaschoten	halbieren, entstielen, Kerne und weiße Scheidewände entfernen, die Schoten waschen, trockentupfen, grob zerkleinern, im Mixer oder mit dem Pürierstab des elektrischen Handrührgerät pürieren
3 Eßl. kaltgepreßtes Olivenöl 3 Eßl. Weißweinessig	unterschlagen die Sauce mit
Salz grob gemahlenem schwarzen Pfeffer Cayennepfeffer 1–2 Teel. Zitronensaft	abschmecken, kalt stellen
400 g Spaghetti	in
3–4 l kochendes Salzwasser	geben
1 Eßl. Olivenöl	hinzufügen, zum Kochen bringen, ab und zu umrühren, in 8–10 Minuten „al dente" kochen die Spaghetti auf ein Sieb geben, mit kaltem Wasser übergießen, abtropfen lassen
100 g Butter	zerlassen, mit den Spaghetti vermengen, in eine vorgewärmte Schüssel füllen die heißen Spaghetti mit der kalten Paprika-Sauce servieren.

Spaghetti mit Gorgonzola-Sauce

200 g durchwachsenen Speck	in feine Würfel schneiden
2 Eßl. kaltgepreßtes Olivenöl	erhitzen, die Speckwürfel darin ausbraten
1 Knoblauchzehe	abziehen, durch die Presse drücken, unterrühren
200 g milden Gorgonzola-Käse	zerbröckeln, unter Rühren zum Speck geben
125 ml ($^{1}/_{8}$ l) Schlagsahne	unterrühren, so lange Rühren, bis eine glatte Sauce entstanden ist, mit
1 Eßl. Weinbrand Tabasco Salz frisch gemahlenem weißen Pfeffer	abschmecken
300 g Spaghetti	in
3-4 l kochendes Salzwasser	geben
1 Eßl. Olivenöl	hinzufügen, zum Kochen bringen, ab und zu umrühren, in 8–10 Minuten „al dente“ kochen die Spaghetti auf ein Sieb geben, mit kaltem Wasser übergießen, abtropfen lassen, sofort unter die Gorgonzola-Sauce mengen Spaghetti mit
frisch geriebenem Parmesan-Käse	bestreuen, sofort servieren.

Spaghetti mit Thunfisch-Souce, Rezept S. 38

Spaghetti mit Thunfisch-Sauce

(5–6 Personen, Foto S. 36/37)

250 g Tomaten	*kurze Zeit in kochendes Wasser legen (nicht kochen lassen), in kaltem Wasser abschrecken, enthäuten, in Stücke schneiden*
130–200 g Muscheln (aus der Dose)	*abtropfen lassen, die Flüssigkeit auffangen*
etwa 375 g Thunfisch (aus der Dose)	*abtropfen lassen, etwas zerpflücken*
4 Knoblauchzehen	*abziehen, fein würfeln*
2 Eßl. Olivenöl	*erhitzen, die Knoblauchwürfel darin andünsten, die Tomatenstücke hinzufügen, etwa 5 Minuten mitdünsten lassen, Muscheln, Thunfisch und etwas von der Muschelflüssigkeit unterrühren, miterhitzen, die Sauce mit*
Salz Pfeffer	*würzen, nach Belieben*
2–3 Eßl. gehackte, glatte Petersilie	*unterrühren*
400 g Spaghetti	*in*
4 l kochendes Salzwasser	*geben*
1 Eßl. Speiseöl	*hinzufügen, zum Kochen bringen, ab und zu umrühren, in 8–10 Minuten „al dente“ kochen, die Spaghetti auf ein Sieb geben, mit kaltem Wasser übergießen, gut abtropfen lassen, mit der Sauce vermengen.*

Spaghetti mit Lachs

	Für die Sauce
300 g Tomaten	kurze Zeit in kochendes Wasser legen (nicht kochen lassen), abschrecken, enthäuten, die Stengelansätze entfernen, die Tomaten entkernen, das Fruchtfleisch pürieren
100 g geräucherten Lachs	in feine Streifen schneiden
2 Knoblauchzehen	abziehen, fein würfeln
60 g schwarze Oliven	entkernen, in feine Würfel schneiden
3 Eßl. Olivenöl	in einer Pfanne erhitzen, Knoblauch darin andünsten, Lachsstreifen, Olivenwürfel hinzufügen, vorsichtig umrühren, 2–3 Minuten dünsten
100 ml Schlagsahne	unterrühren, das Tomatenpüree hinzufügen, erhitzen, die Sauce mit
Salz, Pfeffer	würzen
1 Teel. gehackte Minzeblättchen	
1/2 Teel. gerebelten Oregano	unterrühren
300 g Spaghetti	in
3–4 l kochendes Salzwasser	geben
1 Eßl. Olivenöl	hinzufügen, zum Kochen bringen, ab und zu umrühren, in 8–10 Minuten „al dente“ kochen die Spaghetti auf ein Sieb geben, mit kaltem Wasser übergießen, abtropfen lassen, mit der Sauce vermengen.

Spaghetti mit Steinpilzen

40 g getrocknete Steinpilze	mit kaltem Wasser überbrausen, in
750 ml ($^{3}/_{4}$ l) lauwarmen Wasser	einweichen
125 g Zwiebeln	abziehen, in feine Würfel schneiden
30 g Butter oder Margarine	in einer Pfanne zerlassen, die Zwiebeln darin hellgelb dünsten
	Steinpilze mit dem Einweichwasser,
2 Bechern (je 150 g) Crème fraîche	hinzufügen, zum Kochen bringen, bei mittlerer Hitze in etwa 15 Minuten einkochen lassen
2–3 Eßl. Sherry	die Sauce kräftig mit
Salz frisch gemahlenem weißen Pfeffer	abschmecken
2 Bund Schnittlauch	abspülen, trockentupfen, in Röllchen schneiden, über die Sauce streuen
400 g Spaghetti	in
4 l kochendes Salzwasser	geben
1 Eßl. Speiseöl	hinzufügen, zum Kochen bringen, ab und zu umrühren, in 8–10 Minuten „al dente“ kochen
	die Spaghetti auf ein Sieb geben, mit kaltem Wasser übergießen, abtropfen lassen, sofort mit der Steinpilz-Sauce servieren.

Porree-Spaghetti mit Tomaten-Sauce

	Für die Sauce
75 g durchwachsenen Speck	in Würfel schneiden
1 Eßl. Speiseöl	erhitzen, den Speck darin ausbraten
1 Zwiebel	abziehen, würfeln, im Speck dünsten,
1 kg Tomaten	waschen, in Würfel schneiden, mitdünsten, mit
Salz, Pfeffer gehackten Basilikumblättchen	würzen, etwa 15 Minuten dünsten, durch ein Sieb streichen, abschmecken, warm stellen
750 g Porree	putzen, längs halbieren, in Streifen schneiden, gründlich waschen, abtropfen lassen
300 g Spaghetti	in
3–4 l kochendes Salzwasser	geben
1 Eßl. Speiseöl	hinzufügen, zum Kochen bringen, ab und zu umrühren, in 8–10 Minuten „al dente" kochen lassen etwa 3 Minuten vor Beendigung der Kochzeit die Porreestreifen auf ein Sieb geben, mit kaltem Wasser übergießen, abtropfen lassen
50 g Butter	zerlassen, leicht bräunen lassen
200 g gekochten Schinken	in Streifen schneiden, mit den Porre-Spaghetti in die Butter geben, gut durchschwenken, mit Salz, Pfeffer abschmecken, mit der Sauce servieren.

Spaghetti con melanzane

2 Auberginen	waschen, trockentupfen, die Stengelansätze entfernen, Auberginen in Würfel schneiden, mit
Salz	bestreuen, Flüssigkeit ziehen lassen, trockentupfen
100 ml Olivenöl	in einer Pfanne erhitzen, die Auberginenwürfel darin anbraten, aus der Pfanne nehmen, abtropfen lassen
2 Zwiebeln 1 Knoblauchzehe	beide Zutaten abziehen, fein hacken, in der Pfanne anbraten
etwa 850 g geschälte Tomaten (aus der Dose)	mit dem Saft dazugeben, die Tomaten mit einer Gabel zerdrücken, die Auberginenwürfel dazugeben
1 Bund frisches Basilikum	abspülen, die Blättchen abzupfen, fein hacken, unterrühren
60 g abgetropfte Kapern schwarzem Pfeffer	unterrühren, die Sauce mit abschmecken, etwa 20 Minuten kochen
300 g Spaghetti	in
3-4 l kochendes Salzwasser	geben
1 Eßl. Olivenöl	hinzufügen, zum Kochen bringen, ab und zu umrühren, in 8–10 Minuten „al dente" kochen die Spaghetti auf ein Sieb geben, mit kaltem Wasser übergießen, abtropfen lassen, mit der Sauce servieren.

Rezeptverzeichnis